Mi biblioteca de ciencias

Los manzanos y las estaciones

Julie K. Lundgren

Editora científica:
Kristi Lew

ROURKE PUBLISHING

www.rourkepublishing.com

Editora científica: Kristi Lew
Antigua maestra de escuela secundaria con una formación en bioquímica y más de 10 años de experiencia en laboratorios de citogenética, Kristi Lew se especializa en hacer que la información científica compleja resulte divertida e interesante, tanto para los científicos como para los no científicos. Es autora de más de 20 libros de ciencia para niños y maestros.

www.rourkepublishing.com

Photo credits: Cover © LOYISH, Borislav Gnjidic, AllaVi, LianeM, Cover logo frog © Eric Pohl, test tube © Sergey Lazarev; Page 3 © Catalin Petolea; Page 5 © Photomaxik; Page 7 © Christoph Weihs; Page 9 © Borislav Gnjidic; Page 11 © Donald Sawvel; Page 13 © Elena Elisseeva; Page 15 © L. Powell; Page 17 © Mircea BEZERGHEANU; Page 19 © Smileus; Page 20 © Photomaxik;

Editora: Kelli Hicks

Cubierta y diseño de página de Nicola Stratford, bdpublishing.com
Traducido por Yanitzia Canetti
Edición y producción de la versión en español de Cambridge BrickHouse, Inc.

Library of Congress Cataloging-in-Publication Data

Lundgren, Julie K.
 Los manzanos y las estaciones / Julie K. Lundgren.
   p. cm. -- (Mi biblioteca de ciencias)
 ISBN 978-1-61741-722-1 (Hard cover)
 ISBN 978-1-61741-924-9 (Soft cover)
 ISBN 978-1-61236-899-3 (Soft cover - Spanish)
 1. Apples--Juvenile literature. 2. Apples--Development--Juvenile literature. 3. Apples--Ecology--Juvenile literature. I. Title.
 SB363.L86 2012
 583'.73--dc22
                    2011938843

Rourke Publishing
Printed in the United States of America,
North Mankato, Minnesota
091911
091911MC

www.rourkepublishing.com - rourke@rourkepublishing.com
Post Office Box 643328 Vero Beach, Florida 32964

Los manzanos cambian a través de las estaciones.

En **primavera**, salen las hojas de los árboles.

Los manzanos también **florecen** en primavera.

En **verano**, los manzanos continúan creciendo.

Las flores comienzan a dar **frutos** con semillas en su interior.

En **otoño**, la gente toma las manzanas maduras.

Las aves y otros animales
también comen manzanas.

Más tarde, en otoño, las hojas cambian de color y caen al suelo.

En **invierno**, los árboles descansan.

Y luego llega otra vez la primavera.

DEMUESTRA lo que sabes

1. ¿Cuáles son las cuatro estaciones?

2. ¿Cómo cambian los manzanos a través de las estaciones?

3. ¿Tienes una estación favorita? ¿Por qué?

Glosario ilustrado

flores:
Las flores contienen todo lo que necesita una planta para producir las semillas. Las flores de algunas plantas se convierten en frutos.

frutos:
Después de florecer, algunos árboles dan frutos. La mayoría de los frutos tienen semilla.

invierno:
La estación que viene después del otoño. Es la época en que las plantas y los árboles descansan hasta que llegue la primavera.

otoño:
La estación que viene después del verano: las noches son más largas, los días más fríos y las hojas caen de los árboles.

primavera:
La estación que viene después del invierno: el clima se vuelve más cálido y las plantas y flores comienzan a salir.

verano:
La estación que viene después de la primavera. Es la estación principal donde crecen las plantas.

Índice

Sitios en la Internet

www.arborday.org/kids/carly

www.historyforkids.org/scienceforkids/physics/
    weather/seasons.htm

www.kidsgardening.org

Acerca de la autora

Julie K. Lundgren creció cerca del Lago Superior, donde le gustaba pasar tiempo en el bosque, recoger bayas y ampliar su colección de rocas. Su interés en la naturaleza la llevó a graduarse de biología. Hoy vive en Minnesota con su familia.